THE ILLUSTRATED GUIDE BARCELONA © 2018 Instituto Monsa de ediciones.

First edition in 2018 by Monsa Publications, an imprint of Monsa Publications Gravina 43 (08930)
Sant Adriá de Besós. Barcelona (Spain) Tlf. +34 93 381 00 50 www.monsa.com monsa@monsa.com
Text and illustrations © Kat Cameron 2018.
Art director & layout:
Eva Minguet (Monsa Publications)

ISBN: 978-84-16500-78-9
D.L. B 4825-2018

Order from:
www.monsashop.com

Follow us!
Instagram: @monsapublications
Facebook: @monsashop

THE ILLUSTRATED GUIDE
BARCELONA
EATS, WALKS, PLACES, DAYTRIPS, AND MORE.

by Kat Cameron

monsa

START HERE a mosaic of green, blue, and red emerges from the clouds when your plane descends to El Prat Airport. BCN - a city of flat terracotta roofs, encircled with the olive-green forests of the Collserola rolling down to the Mediterranean. From first touching down in the glass faceted airport to a wander through the textured gothic alleyways or a glance at the modernista architecture, you know you have landed in a city of art. Miro, Gaudí, Dalí and Picasso all spent time here, and as you meet the locals you discover that Barcelona is filled with architects, designers, graphic artists and illustrators, so really, it is the perfect city to go for a stroll with your sketch pad and pencils, find a spot, and record your surroundings.

BEING AN ILLUSTRATOR IN BARCELONA MEANS THAT I AM ALWAYS ON THE LOOK OUT FOR VISUAL INSPIRATION OR A SECRET SPOT TO DOODLE. BARCELONA HAS PLENTY OF BOTH. I HOPE TO TAKE YOU ON A PERSONALISED ADVENTURE, ALL MY FAVOURITE BITS AND BOBS, MY ILLUSTRATED BARCELONA...

So, grab your pencils, inks, cameras! Paper out, ready and go! Take notes, photographs or just come along for a creative ride through the city. Barcelona awaits! The weather is usually on your side, and there are of plenty spaces & places where you can soak up the Spanish sun and revel in all that the Catalan city has to offer.

EMPIEZA AQUÍ un mosaico de tonos verde, azul y rojo que emerge de las nubes cuando tu avión se aproxima al aeropuerto de El Prat, en Barcelona, una ciudad de tejados planos color terracota, rodeada por los bosques de color verde olivo de la Sierra de Collserola, que descienden hasta el Mediterráneo. En cuanto pones por primera vez los pies en el suelo en la terminal del aeropuerto, revestida de cristal, das los primeros paseos por sus callejuelas góticas repletas de ambiente, y empiezas a disfrutar de la arquitectura modernista, tienes la sensación de haber aterrizado en una ciudad que respira arte por los cuatro costados. Miró, Gaudí, Dalí y Picasso vivieron en Barcelona, y en cuanto tienes la oportunidad de conocer a los barceloneses, te das cuenta de que la ciudad está repleta de arquitectos, diseñadores, artistas gráficos e ilustradores. Vamos, que Barcelona es el lugar ideal para salir a pasear lápiz y bloc en mano, encontrar un rincón que te guste, y plasmarlo en el papel.

SER ILUSTRADOR EN BARCELONA SIGNIFICA ESTAR INMERSO EN UNA CONSTANTE BÚSQUEDA DE INSPIRACIÓN VISUAL O DE UN RINCÓN SECRETO QUE DIBUJAR. Y BARCELONA TIENE UN MONTÓN DE AMBAS COSAS. SERÁ UN PLACER PARA MÍ, INICIAR JUNTOS UNA AVENTURA PERSONALIZADA POR MI BARCELONA ILUSTRADA.

Así pues, agarra el lápiz, las tintas y la cámara, ¡saca el papel, y listos! Toma notas, haz fotos, o simplemente disfruta de un viaje creativo por la ciudad. ¡Barcelona te espera! La meteorología casi nunca va a ser un problema, y además hay un montón de lugares en los que podrás empaparte del sol de España y disfrutar de todo lo que puede ofrecerte la capital catalana.

CONTENTS

* Use this guide as a supplement to your usual travel books, online apps, and a spot of Googling.
You can find the addresses of all restaurants, cafés and bars at the end of this guide.

Utiliza esta guía como un complemento de tus libros de viaje habituales, aplicaciones y busquedas en Google. Encontrarás todas las direcciones de restaurantes, cafeterías y bares al final de la guía.

CIUTAT VELLA

LAS RAMBLAS

VIA LAIETANA

RAVAL

GOTIC

EL BORN

PARC CIUTADELLA

BARCELONETA

LLOBREGAT RIVER

COLLSEROLA MOUNTAINS

SARRIA & SANT GERVASI

HORTA GUINARDO

LES CORTS

NOU BARRIS

GRACIA

EIXAMPLE

SANT ANDREU

MONTJUIC

CIUTAT VELLA

BESÒS RIVER

PORT

SANT MARTI

MEDITERRANEAN

7 BARRIOS

GRÀCIA: Used to be a village and still retains that flavour. Located towards the top of Barcelona and filled with a criss-cross of cute streets dotted with plazas. It has an artistic hippy feel with many shops focused on organic products or art. You can find Park Güell just above Gràcia.
Highlights: Carrer Asturias and Carrer Verdi - watch a movie at the cinema. Plaça del Sol, Plaça Virreina - swing dancers, Plaça Vila de Gràcia. The secret garden of Olokuti, El Ciclista bar for the best gin-tonics, Lukumas donut shop, brunch or drunch on the weekend at Avenue or Timeline.

EL BORN: Stylish boutiques with unique twists and designer curiosities fill this charming neighbourhood. Centered around the Santa María del Mar church just off Via Laietana, the alleyways are well worth getting lost in. History and texture can be found on every corner. Relax in nearby Ciutadella park.
Highlights: Carrer de L'Argenteria, Passeig del Born, carrer d'Allada Vermell (for dining al fresco), carrer Flassaders, carrer del Rec. Cafés El Magnífico for the best coffee in Barcelona, La Comercial - for gifts, Bubo and Hofmann for sweet treats, Bacoa Kiosko for burgers, Mercat Princesa - artisan tapas, Mercat de Santa Caterina for fresh produce, Mercat del Born (for a Catalan history lesson), Picnic & Elsa y Fred for brunch, Almacén Marabi for beautiful hand-made plush toys & Aire de Barcelona for the Roman baths.

RAVAL: A melting pot of cultures - here you can find the flavours and tastes from a myriad magical countries. From the the Philippines to South America. Buy halal meats or spices. Chinese trinkets or skateboard into an art gallery. Raval has been know for its "dark underbelly" but it's just as safe as any other neighbourhood during the day. Get in with the locals at 23 Robadors to see the most authentic Flamenco in the city.
Highlights: Skateboarder square outside the MACBA, Carrer Joaquim Costa, bar Pesca Salada, CCCB, during the summer months have a cocktail and dinner in the garden of the old hospital at El Jardi. Get your greens at Teresa Carles or Vegetalia. Vintage clothes shopping like nowhere else in Barcelona. You can also see Botero's cat.

GRÀCIA: Sigue manteniendo el sabor de un pueblo, que es lo que era antes. Situado de camino a la parte alta de Barcelona, el barrio está formado por un entramado de hermosas calles salpicadas de plazas. Tiene un toque artístico y hippy, con muchas tiendas especializadas en arte y productos orgánicos. Justo encima de Gràcia se encuentra el Park Güell.
Destacamos: Carrer Asturias y Carrer Verdi (disfruta de una película en el cine), Plaça del Sol, Plaça de la Virreina (con sus bailarines de swing), Plaça de la Vila de Gràcia. También están, el jardín secreto de Olokuti, el bar El Ciclista (donde sirven los mejores gin-tonics), la tienda de donuts Lukumas, o establecimientos como Avenue o Timeline para hacer un brunch o una merienda-cena los fines de semana.

EL BORN: Este encantador barrio está repleto de boutiques con estilo, toques únicos y curiosidades de diseño. Dispuesto en torno a la Basílica de Santa María del Mar, en las inmediaciones de la Vía Laietana, sus callejuelas bien merecen perderse en ellas; cada esquina cuenta con su propia historia y su propio ambiente. También puedes relajarte en el cercano parque de la Ciutadella.
Destacamos: Carrer de l'Argenteria, Passeig del Born, carrer Allada Vermell (para comer al aire libre), carrer Flassaders, carrer del Rec. En Cafés El Magnífico sirven el mejor café de Barcelona, mientras que en La Comercial podrás encontrar regalos, pasteles en Bubo y en Hofmann, hamburguesas en Bacoa Kiosko, tapas artesanas en el Mercat Princesa, productos frescos en el Mercat de Santa Caterina, clases de historia catalana en el Mercat del Born, brunchs en Picnic y en Elsa y Fred, preciosos muñecos de felpa hechos a mano en Almacén Marabi, o termas romanas en Aire de Barcelona.

EL RAVAL: Una mezcla de culturas en la que encontrarás sabores de un sinfín de países mágicos (desde Filipinas hasta Sudamérica), carne o especias halal, o baratijas chinas. También podrás hacer skateboard a las puertas de una galería de arte. A pesar de su mala fama, durante el día el Raval es igual de seguro que el resto de barrios. Confúndete con los propios barceloneses en 23 Robadors para asistir a los espectáculos de flamenco más auténticos de la ciudad.
Destacamos: La plaza para hacer skateboard a las puertas del Museo de Arte Contemporáneo de Barcelona, Carrer Joaquim Costa, el bar Pesca Salada, el CCCB, y en los meses de verano, tomar un cóctel y cenar en el jardín del antiguo hospital El Jardí. Los vegetarianos también están de enhorabuena, con establecimientos como Teresa Carles o Vegetalia. Además, el barrio cuenta con las mejores tiendas de ropa vintage de toda Barcelona. También puedes ver el Gato de Botero.

POBLE SEC: You will find Poble Sec at the foot of Montjuïc, a castle-topped hill overlooking Barcelona. Its high street is the perfect place to grab some pinchos and beers. The tapas are piled into tiny towers, skewered with a tooth pick - count your skewers at the end of each round to get the bill. Coupled with some good draft beer, a walk through the neighbourhood makes a fun evening or late afternoon activity.

Highlights: Views from Montjuïc, Miró museum, olympic swimming pool, Jardins de Mossèn Costa i Llobera, La Federica vintage bar, Spice Cafés's carrot cake, Carrer Blai, don't miss Gran Bodega Saltó, or the famous Adrià bros have set up home with Albert's restaurant Tickets, Pakta, Niño Viejo and more, all near the metro station.

EIXAMPLE - LEFT & RIGHT: Eixample is split down the middle by Passeig de Gràcia. A birds eye view of the two neighbourhoods will show you the renowned town planning landscape - a grid of octagonal blocks, envisioned by Ildefons Cerdà. The area is characterised by beautiful art nouveau architecture and is worth a wander. It's a large district, so plan ahead. It helps to walk from Gràcia downhill towards Plaça Catalunya. Plenty of gorgeous shops, restaurants, galleries, and many of the famed Gaudí buildings.

Highlights: Shopping on Passeig de Gràcia, famed architectural wonders, La Pedrera and La Casa Batlló, Ramen Ya-Hiro restaurant, hotel Praktic Bakery, Carrer Enric Granados, Rambla Catalunya, Carrer Pau Claris, the restaurants Jaime Beriestain and El Nacional.

BARRI GÒTIC: La Rambla runs down through this historic neighbourhood, where the old roman walls enclose the ancient city of Barcelona. With walls and paving stones as old as 2000 years, the antiquity is palpable. Filled with surprises like hidden cloisters, unicorn gargoyles and honey and cheese markets. Get lost in the maze-like streets!

Highlights: Plaça Reial, the old jewish quarter, Momo restaurant, Caj Chai tea house, Satan's Coffee, La Basilica Galeria jewellery store, La Boqueria, Ganiveteria Roca, tiny Bodega Cala de Vermut, Sor Rita bar and the geese in the cloisters of the Cathedral.

POBLE SEC: El Poble Sec se encuentra a los pies de Montjuïc, una montaña con un castillo en lo alto que domina toda Barcelona. Su calle principal es el lugar perfecto para tomar unos pinchos y unas cervezas. Las tapas se apilan en torres minúsculas, cada una de ellas con un palillo. Luego, a la hora de pagar, basta contar los palillos para saber a cuánto ascenderá la cuenta. Si a eso le añadimos una rica cerveza de barril, pasear por este barrio constituye un buen plan para pasar la tarde-noche.

Destacamos: Las vistas desde Montjuïc, el Museo Miró, la piscina olímpica, los Jardins de Mossèn Costa i Llobera, el bar vintage La Federica, el pastel de zanahoria de Spice Café, Carrer Blai, la Gran Bodega Saltó, o los restaurantes Tickets, Pakta y Niño Viejo, entre otros, propiedad de uno de los famosos hermanos Adrià, Albert, todos ellos situados cerca de la estación de metro.

EIXAMPLE - IZQUIERDA Y DERECHA: El Eixample se encuentra dividido por la mitad por Passeig de Gràcia. Mirando ambos barrios desde arriba puede identificarse la conocida forma de su planificación urbanística, compuesta por una red de manzanas octogonales diseñada por Ildefons Cerdà. La zona, que se caracteriza por su bella arquitectura modernista, bien merece un paseo. Se trata de un distrito bastante extenso, así que ve con tiempo. Es la zona que te encuentras cuando bajas andando desde Gràcia hacia Plaça Catalunya, y alberga lujosas tiendas, restaurantes, galerías, y muchos de los edificios más famosos de Gaudí.

Destacamos: Ir de compras por el Passeig de Gràcia, las famosas maravillas arquitectónicas, la Pedrera y la Casa Batlló, el restaurante Ramen Ya-Hiro, el hotel Praktik Bakery, Carrer Enric Granados, la Rambla de Catalunya, Carrer Pau Claris, los restaurantes Jaime Beriestain y El Nacional.

BARRI GÒTIC: En este barrio histórico, atravesado por La Rambla, es donde se encontraban las murallas romanas que rodeaban la antigua ciudad de Barcelona. Con paredes y adoquines de hasta 2000 años de historia, la antigüedad es más que palpable en la zona, que está repleta de sorpresas en forma de claustros ocultos, gárgolas con forma de unicornio, y mercados dedicados a la venta de queso y miel. ¡Piérdete en sus laberínticas calles!

Destacamos: La Plaça Reial, la vieja judería, el restaurante Momo, la tetería Caj Chai, Satan's Coffee, la joyería La Basilica Galeria, La Boqueria, Ganiveteria Roca, la minúscula Bodega Cala de Vermut, el bar Sor Rita y las ocas de los claustros de la Catedral.

BARCELONETA: This neighbourhood is the gateway to Barcelona's beaches. Narrow, humid streets filled with apartment blocks, have a salty air. Washing is strung up from windows, and the area has a very Spanish Mediterranean vibe. Packed with surf shops, and beach bars, head on down to Sant Sebastià beach below the W Hotel, for clear water and great views of the strand. Walk along the broadwalk to Vila Olímpica for a drink under the huge "fish" by Frank Gehry. Ogle the super yachts moored in the port.
Highlights: Picnic on the beach in the evening, catch a tan on the beach, eat seafood at Barraca, Pez Vela or Gallitos, get a monster ice at Eyescream & Friends.

BARCELONETA: Este barrio es la puerta de entrada a las playas de Barcelona. Está formado por calles estrechas y húmedas con edificios de viviendas a los lados, y con un cierto aroma a sal. La ropa recién lavada cuelga de las ventanas, y la zona tiene un toque mediterráneo muy español. Repleto de tiendas de surf y de chiringuitos, recomendamos ir a la playa de Sant Sebastià, bajo el Hotel W, para disfrutar de sus aguas cristalinas y de unas magníficas vistas de la costa. Ve andando por el paseo marítimo hasta la Vila Olímpica y tómate algo bajo el enorme Pez Dorado de Frank Gehry. Fíjate en los enormes yates que hay atracados en el puerto.
Destacamos: Hacer picnic en la playa por la noche, tomar el sol en la playa, comer marisco en Barraca, Pez Vela o Gallito, hacer un monstruo de helado en Eyescream & Friends.

TWO WALKS IN THE CITY

1. OFF THE BEATEN TRACK

A quiet meander through the upper suburbs of Barcelona, you will experience a different side to life in the city, one that most tourists don't see. This is the perfect walk if you want to experience something far from the maddening crowd.

Make your way with the tourists heading to Park Güell on the metro (L3). At the Vallcarca metro stop grab a cooldrink or snack at a vending machine and quick, before anyone notices, exit Avinguda República Argentina. Cross over the road and make your way up the escalator Baixada Blanes which wends its way up through tightly crammed apartment blocks perched on the steep hillside, next to the Jardins de Mercè Rodoreda. If you like, you can also stroll up through the gardens instead.

DOS RECORRIDOS A PIE POR LA CIUDAD

1. UN RECORRIDO ALTERNATIVO

Paseando tranquilamente por la parte alta de la ciudad, podrás conocer una Barcelona distinta que muchos turistas nunca llegan a experimentar. Este paseo es perfecto si lo que quieres es alejarte del gentío enloquecedor.

Sigue a los turistas que se dirigen al Park Güell en la línea 3 de metro. En la estación de Vallcarca, cómprate una bebida fría o algo de comer en una máquina, y rápido antes de que nadie se dé cuenta, sal por la Avinguda República Argentina. Cruza la calle y sube por las escaleras mecánicas de la Baixada Blanes, que va ascendiendo entre edificios de pisos apiñados en la pronunciada pendiente, cerca de los Jardins de Mercè Rodoreda, por los que, si lo prefieres, también puedes subir andando.

At the top of the escalators turn right and continue until you reach a t-junction at the foot of the **JARDINS DEL TURÓ DEL PUTXET,** here you can either turn left or right, making your way around the park until you find entrances on Carrer Ferran Puig or Carrer Marmellà. The recommended entrance is in Marmellà, as this places you at the top of the park, and you can easily make your way to the summit of the hill which stands at 178 meters above sea level.

The beautifully laid out pathways with cosy hidden nooks, lead you up to a view point with some of the most **OUTSTANDING VIEWS OF BARCELONA.** A twin peak to that in Park Güell, the hill of Putxet offers a 360-degree panorama of the city and the Llobregat plain spread out before you. Spend some time wandering in the park, sipping on your cooldrink.

FEEL LIKE YOU ARE TRULY PART OF BARCELONA, NEIGHBOURS WALK THEIR DOGS, OLD MEN PLAY PETANQUE, CHILDREN PLAY AND LAUGHTER DRIFTS UP THROUGH THE VARIOUS TERRACES.

Al llegar al final de las escaleras mecánicas, gira a la derecha y sigue andando hasta llegar a un cruce al pie de los **JARDINS DEL TURÓ DEL PUTXET,** en el que podrás girar a la izquierda o a la derecha, rodeando el parque hasta que encuentres una entrada por Carrer Ferran Puig o Carrer Marmellà. La entrada más recomendada es la de Carrer Marmellà, puesto que da acceso a la parte más alta del parque, desde la cual puedes llegar fácilmente a la cima de la colina, que se sitúa a una altitud de 178 metros por encima del nivel del mar.

Los hermosos senderos, con acogedores recovecos ocultos, conducen a un mirador que ofrece algunas de las mejores vistas de Barcelona. La cima del Putxet, situada enfrente de la del Park Güell, proporciona una panorámica de 360 grados de la ciudad y de la llanura del Llobregat. Pasea un rato por el parque mientras disfrutas de tu bebida fría.

SENTIRÁS QUE FORMAS PARTE DE BARCELONA, RODEADO DE VECINOS PASEANDO AL PERRO, ANCIANOS JUGANDO A LA PETANCA, NIÑOS JUGANDO, Y RISAS PROCEDENTES DE LAS TERRAZAS DE LOS EDIFICIOS.

As you slowly make your way down through the lush vegetation bordering the myriad paths, you will have interesting views of the city and of Barcelona life on balconies. Windows of the apartments peek through the tree branches. Flocks of Wood Pigeons and green Monk Parrots flash from one stand of trees to another, and the city hums quietly in the distance. Teenagers play pingpong on the permanent tables scattered through the park, you can catch glimpses of people in Park Güell and your views will extend all the way to the glittering Mediterranean in the distance.

Revel in the solitude, and enjoy the well maintained flower beds, shade, pine trees, olives and various rare shrubbery. Take time to relax in any of the multitude of secluded areas discretely placed along the pathway.

Head downhill and exit the park at its main entrance on Carrer Manacor. Continue the walk seaward along Carrer de Homer, turn right into Carrer Ballester after a few blocks. Just before the intersection with the huge and noisy Ronda General Mitre you will pass the abandoned **CASA TOSQUELLA**, a beautiful old modernista building awaiting repairs. One of the first buildings designed by architect Eduard Maria Balcells i Buïgas, it was built in 1889 as a holiday home in Sant Gervasi for Antonio Tosquella. Backtrack and turn into Carrer Vallirana to have a peek into the garden. The fairytale wrought iron details are worth a second look. The building was made a monument in 1906.

Cross over the Ronda General Mitre and continue along the pretty Carrer Vallirana, beautiful old apartment buildings look down on you, with balconies dripping succulents and other dangling plants. You can stop off for some well-deserved tapas in one of the squares on the street or make your way to a little known, hidden gem nearby, the basement tea house and coffee **USAGUI** (meaning rabbit in Japanese).

Mientras vas bajando poco a poco entre la frondosa vegetación que hay al borde de los múltiples senderos, disfrutarás de unas interesantes vistas de la ciudad y de la vida barcelonesa en los balcones. Las ventanas de los pisos asoman por entre las ramas de los árboles; bandadas de palomas y cotorras verdes vuelan de árbol en árbol, y la ciudad resuena con calma en la distancia. Los adolescentes juegan al ping-pong en las mesas que hay dispuestas permanentemente por todo el parque, podrás ver a la gente que visita el Park Güell, y la panorámica llega hasta el reluciente Mediterráneo, visible en el horizonte.

Disfruta de la soledad y de los lechos de flores, de los pinos, de los olivos y de una diversidad de matorrales un tanto peculiares, todo ello en un excelente estado de mantenimiento. Párate a descansar en cualquiera de los rincones apartados y discretos que ofrece el sendero.

Sigue bajando y sal del parque por la entrada principal, la de Carrer Manacor. Continúa caminando hacia el mar por Carrer de Homer y unas cuantas manzanas después, gira a la derecha por Carrer Ballester. Justo antes del cruce con la amplísima y ruidosa Ronda del General Mitre, pasarás por la abandonada **CASA TOSQUELLA**, un antiguo y hermoso edificio modernista a la espera de ser remodelado, diseñado por el arquitecto Eduard María Balcells i Buïgas, y construido en Sant Gervasi en 1889 como residencia de vacaciones de Antonio Tosquella. Retrocede sobre tus pasos y gira por Carrer Vallirana para echar un vistazo al jardín, cuyos detalles forjados de hierro, que parecen de cuento, bien merecen disfrutarse con detenimiento. El edificio fue catalogado monumento en 1906.

Cruza la Ronda del General Mitre y sigue por Carrer Vallirana, rodeada de preciosos edificios antiguos de viviendas, cuyos balcones están repletos de preciosas plantas colgantes. Puedes hacer un alto en el camino y disfrutar de unas merecidas tapas en cualquiera de las plazas, o dirigirte hacia una joya oculta y muy poco conocida que se encuentra en las inmediaciones, la tetería y cafetería **USAGUI** ("conejo" en japonés).

This sweet little cake shop also serves perfect Japanese homemade lunch and is a treat! With a minimalist design, and low lighting, it's a great place to end your walk with a romantic green Macha cake or a refreshing Yuzu drink. Their teas are brewed to perfection and are served with a smile.

If you prefer something a little more traditional, head to Plaça Molina. Here you will find many Catalan and Spanish bars, the odd churrería, all serving lunch, tapas and traditional food. Many of the restaurants have outdoor seating.

After finishing your cake or lunch you can hop on a train in the plaça and head to your next stop. Buses also run from the plaça to the center of Barcelona and Plaça Catalunya.

Situada en un sótano, esta preciosa pastelería sirve una deliciosa comida casera japonesa; ¡todo un capricho para los sentidos! Con un diseño minimalista y escasa iluminación, se trata del lugar ideal en el que concluir el paseo con un romántico pastel de té verde Macha o un refrescante Yuzu para saciar la sed. Sus tés artesanos rozan la perfección, y además se sirven con una sonrisa.

Si prefieres algo un poco más tradicional, dirígete a la Plaça Molina, donde encontrarás numerosos bares catalanes y españoles (como churrerías), todos sirven comida tradicional y tapas. Muchos restaurantes tienen sitio para comer fuera.

Tras acabarte el pastel o la comida, puedes coger el tren en la Plaça Molina y dirigirte hacia tu próximo destino. Desde la ahí también salen autobuses hacia el centro de Barcelona y la Plaça Catalunya.

23

2. SNACK & STROLL

RESTAURANTS, ART GALLERIES AND LEAFY BOULEVARDS COMBINE WONDERFULLY FOR A VERY LAZY RAMBLE IN BARCELONA.

A something-for-everyone walk, not so secret, but still a favourite city wander. If you are tired of pushing your way through the crowds on Passeig de Gràcia or having your personal space encroached upon on Las Ramblas or El Portal del Angel, Try Carrer Enric Granados & Rambla de Catalunya.

Head up from Plaça Universitat or Plaça Catalunya and choose your starting street, both have wide pedestrian walkways and run parallel to each other. Pop into any of the pretty cafés for a coffee or Brunch, and then slowly make your way up along the street, eventually crossing over and looping back down which lands you back in the center of town. It's an easy peasy walk, there are things to see, and yummy snacks to eat....

Get yourself some eggs Benedict & waffles at Brunch & Cake. It gets jam packed on the weekend (they do serve brunch all day, every day) waiting times can be anywhere from 20 to 45 minutes. If you don't fancy queueing, head to **COSMO**, either to have a peek at the current exhibition, or perhaps to enjoy a juice or salad. There are a bunch of sweet little eateries nearby and the street is chockablock full of art galleries and boutiques.

Your belly is full? Good, let's walk! Make sure to peek into the doorways of apartment buildings to ogle the different designs hidden in the modernista entranceways.
If you glance up you can be mesmerised by facade details, fantastical embellishments, the different doors, each a marvel!

2. COMER Y PASEAR

LOS RESTAURANTES, LAS GALERÍAS DE ARTE Y LOS BULEVARES ARBOLADOS SE COMBINAN MARAVILLOSAMENTE EN ESTA CORTA CAMINATA POR BARCELONA.

Se trata de un paseo apto para todo el mundo, poco conocido, pero que sigue siendo uno de los recorridos favoritos por la ciudad. Si estás cansado de avanzar a empujones por el Passeig de Gràcia o de que te invadan el espacio personal en La Rambla o en Portal del Angel, toma Carrer Enric Granados y Rambla Catalunya.

Sube desde Plaça Universitat o la Plaça Catalunya y elige en qué calle quieres empezar; son paralelas, y las dos cuentan con un paseo peatonal. Entra en una de sus bonitas cafeterías y tómate un café o un brunch, para luego seguir subiendo lentamente por la calle, hasta llegar al final y bajar por la otra, que volverá a dejarte en el centro. Es un paseo muy cómodo, con cosas interesantes que ver y comida deliciosa.

Tómate unos huevos Benedict con gofres en Brunch & Cake, que por cierto, se pone hasta arriba los fines de semana (aunque sirven brunchs todos los días durante todo el día), con unas esperas que pueden ir desde los 20 hasta los 45 minutos. Si no te apetece hacer cola, ve a **COSMO**, ya sea para echar un vistazo a la exposición que haya en ese momento, o por qué no, para tomarte un zumo o una ensalada. En la zona hay un montón de tiendas de comida, y la calle está repleta de boutiques y galerías de arte.

¿Estás lleno? Pues venga, echa a andar. No olvides fijarte en las entradas de los edificios para no perderte los distintos diseños que hay ocultos en los portales modernistas.
Si miras hacia arriba, te quedarás boquiabierto al ver los detalles de las fachadas, la hermosa ornamentación y las diferentes puertas, que son todas una maravilla.

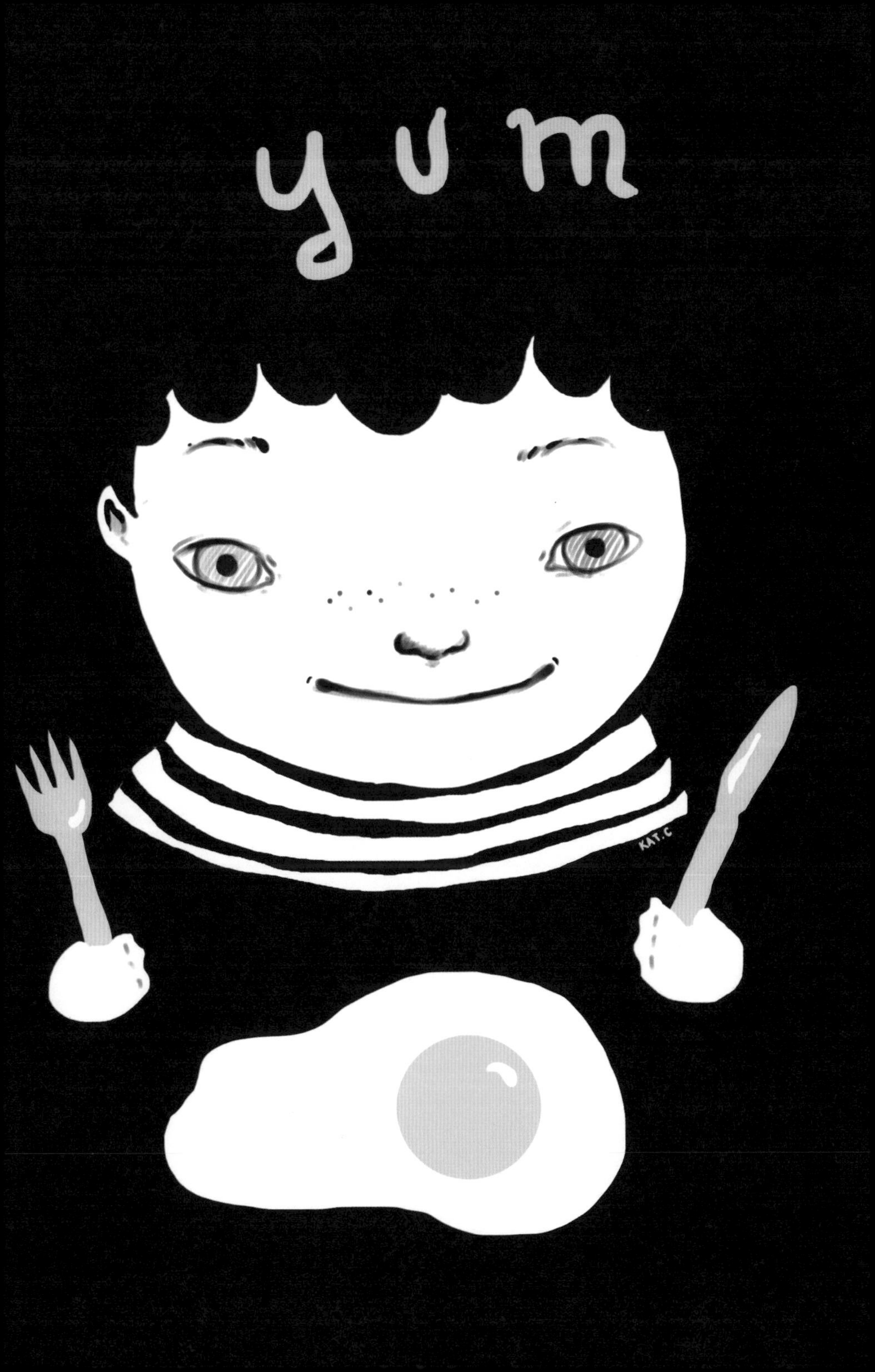
yum
KAT.C

If you can't stomach an extended walk on a full tummy, do it the other way around, ending with a drunch or an ice-cream at DELACREM. There are plenty of terrace restaurants lining both streets, so pick and choose a spot to PEOPLE WATCH as you snack on some food and cava.

If you have more time on your hands explore some of the cross streets, full of art galleries and boutiques. THE SUNLIGHT FILTERING DOWN THROUGH THE TREES OVERHEAD DURING SPRING AND THE SUMMER, OR AUTUMN LEAVES SKIRLING AROUND AND A SLIGHT BREEZE TO GUST YOU ALONG AS YOU EXPLORE.

* Take care, if you want to go inside the boutiques and galleries, that most will close at midday.

Si no puedes hacer una larga caminata con el estómago lleno, hazlo al revés, acabando con una merienda-cena o un helado en DELACREM. Ambas calles están repletas de restaurantes con terraza, así que escoge uno y elige un rincón para ver PASAR GENTE mientras comes algo con cava.

Si dispones de más tiempo, explora alguna de las calles perpendiculares, llenas de galerías de arte y boutiques, MIENTRAS LA LUZ DEL SOL SE FILTRA A TRAVÉS DE LOS ÁRBOLES QUE CUBREN LAS ACERAS EN PRIMAVERA Y VERANO, O DE LAS HOJAS CAÍDAS DURANTE EL OTOÑO, TODO ELLO ACOMPAÑADO DE UNA SUAVE BRISA QUE IRÁ IMPULSÁNDOTE EN TU VIAJE.

* Si quieres entrar en las boutiques y en las galerías, ten en cuenta que la mayoría cierran al mediodía.

5 DOODLE SPOTS

A walk through the **JARDINS DE MOSSÈN COSTA I LLOBERA** will no doubt inspire some organic doodles, and there are plenty of benches that you can perch on while you capture either the views of the Barcelona port through the sisal plants or scribble down details of the myriad cacti that are on display.

A little further afield on the other side of Montjuïc you can find another oasis for drawing, **JARDINS DE JOAN MARAGALL**. Wrapped around the **MNAC**, the light filtering through the branches overhead and the twittering birds, create a wonderfully peaceful environment in which to draw, and the perfect escape from city life.

Pack your satchel with a few market snacks and your favourite inks, then set off to **PARC DE LA CIUTADELLA**, the bestest place to people watch on the weekend. You can rent a small boat, and paddle with the ducks, imagine yourself living a bazillion years ago, while sketching the huge mammoth sculpture by sculptor Miquel Dalmau. Keep a keen eye out for the beautiful illustrated tiles on the modernist **Castell dels Tres Dragons** designed by famed architect Domènech i Montaner in 1887 for the Barcelona Universal Exhibition. Lie on a picnic blanket and watch the monk parrots zip and zoom between the palm fronds.

5 RINCONES EN LOS QUE DIBUJAR

Paseando por los **JARDINS DE MOSSÈN COSTA I LLOBERA** seguro que te entran ganas de hacer algún boceto orgánico. Lo bueno es que hay un montón de bancos desde los que puedes captar las vistas al puerto de Barcelona a través de los sisales, o si no esbozar detalles de los innumerables cactus de la zona.

Un poco más adelante, al otro lado de Montjuïc, encontramos otro oasis del dibujo, en los **JARDINS DE JOAN MARAGALL**, situados en los alrededores del **MNAC**. La luz que se filtra a través de las ramas que se unen entre sí por encima de nuestras cabezas, junto con el trinar de los pájaros, crean un maravilloso y apacible entorno en el que dibujar, además de constituir una escapatoria perfecta a la vida urbana.

Con un poco de comida y tus tintas favoritas en la mochila, dirígete al **PARC DE LA CIUTADELLA**, el mejor lugar para ver gente el fin de semana. Puedes alquilar una barquita y remar con los patos, como si te transportaras a una época remota, mientras dibujas el enorme mamut que hay esculpido, obra de Miquel Dalmau. No te pierdas los bellos azulejos ilustrados del modernista **Castell dels Tres Dragons**, diseñado por el famoso arquitecto Domènech i Montaner en 1887 con motivo de la Exposición Universal de Barcelona. Túmbate en una manta de picnic y mira cómo las cotorras revolotean entre las palmeras.

Drawing at a table in any of Barcelona's plentiful squares, in my opinion, is a great way to spend an afternoon. Not only can you immerse yourself in Catalan food, as your table is heaped with pa amb tomàquet and bravas, but each plaça has its own unique visitors and flavour. From the quietness of Plaça de Sant Felip Neri in the old Gòtic neighbourhood to the unofficial skate park that makes up the plaça outside the **MACBA** art gallery in el Raval. If you are lucky and time it just right, you can enjoy the last Sunday of the month vintage swing dancers in Plaça Virreina in Gràcia neighborhood, watch them bust out moves to lively big band music. The dynamic, colourful dancers full of laughter are fantastic for sketching or photographing, but why not join in with the dancing crowds?

Desde mi punto de vista, una forma estupenda de pasar la tarde es dibujando sentado en una mesa en cualquiera de las numerosas plazas que hay en Barcelona, puesto que no solo puedes sumergirte en la gastronomía catalana, con un buen plato de pa amb tomàquet y bravas, sino que, además, cada plaza tiene sus propios visitantes y sabores únicos, desde la tranquilidad de la Plaça Sant Felip Neri en el barri Gòtic a la pista de skateboard improvisada que hay montada en la plaza en la que se encuentra el **MACBA**, en el Raval. Con un poco de suerte y si te organizas bien, podrás disfrutar, el último domingo de cada mes, del espectáculo que ofrecen los bailares de swing vintage en la Plaça Virreina, en el barri de Gràcia, mientras se mueven al compás de una música de lo más animada. Y aunque estos dinámicos y coloridos bailarines llenos de alegría son estupendos para dibujar o fotografiar, también puedes hacer otra cosa: unirte a la multitud y arrancarte a bailar.

For the science geek artist, a trip up to the **Cosmocaixa** is not to be missed. Once ensconced in the beautiful building, you can travel down the spiral walkway and back through time. Seat yourself in front of their life-size Amazonian rainforest display and sketch museum goers, plants, fish, the odd caiman crocodile or electric ray. They have a fantastic display of bugs and other creatures in glass-encased cabinets. Enough to inspire a fantasyscape of doodling

Los artistas amantes de las ciencias no deben dejar de visitar el **Cosmocaixa**. Una vez familiarizado con su bonito edificio, podrás bajar por la pasarela en espiral y viajar hacia adelante y hacia atrás en el tiempo. Siéntate delante del bosque amazónico que hay a escala real y dibuja a los visitantes, las plantas, los peces, los extraños caimanes o las rayas eléctricas. **Cosmocaixa** cuenta con una magnífica exposición de insectos y otras especies encerradas en urnas de cristal, suficientes para inspirar un auténtico mundo de fantasía para los ilustradores.

If you want to get
involved with the local scene, there
are tallers (workshops) offered for local and
foreign creatives alike.
Do a little online scouting and you could find
yourself behind a graffiti-scrawled door in el Born
painting or sketching with new friends!

Si quieres empaparte de la escena artística barcelonesa,
existen diversos talleres para creadores de la ciudad
y de otros lugares del mundo.
Busca un poco en Internet y a lo mejor acabas
pintando y dibujando con tus nuevos amigos
en el Born, detrás de una puerta
llena de grafitis.

BARCELONA

34 EATS + TREATS

Has eating covered and it does so in style. How could it not, when it's home to some serious world-famous chefs. Many of the top restaurants require reservations weeks, if not months, in advance, but my list of favourite haunts will keep your belly happy without the wait! A mix of beautiful venues, delicious flavours and value for money, each spot has something special....

34 SITIOS PARA COMER Y DELEITAR EL PALADAR

La gastronomía es una pieza clave en el engranaje de la ciudad de Barcelona, y además, se trata de una gastronomía con estilo. No podía ser de otra forma, sobre todo si tenemos en cuenta que en ella residen algunos de los mejores y más famosos chefs de todo el mundo. Muchos de los restaurantes más selectos requieren reservar con semanas (por no decir meses) de antelación, pero mi lista de establecimientos favoritos dejará también satisfecho a tu estómago, y encima sin tener que esperar. Una mezcla de bonitos establecimientos, deliciosos sabores y buenos precios, cada uno con algo especial...

LET'S EAT:
Tried & Tested

CARAVELLE: Simple café in Raval with healthy lunch options and good coffee, sit at wooden tables and enjoy this laid back restaurant.

SÉSAMO: A tiny vegetarian restaurant in Raval with the most delicious truffle pasta. The food is good.

TERESA CARLES: Another veggie restaurant in Raval. Nice food, slow service on the weekend. Good for little kiddies too.

ELSA Y FRED: Little bistro near the Arc de Triomf, good for a cocktail or dinner and they do brunch on weekends.

PICNIC: In a triangle of streets near the Arc de Triomf. Try the brunch with a South American touch. They are known for their champagne (cava) breakfasts.

BACOA KIOSKO: A gourmet burger joint near the beach. Long queues but delicious burgers in a canteen-style restaurant. The burgers are big and filling, and there is a veggie option.

MOSQUITO: Amazing Asian tapas place in the Borne area – they stock craft beers, and the dim sum is delectable!!

MEATPACKING BISTRO: NYC-style restaurant (try the Tuna Burger with tuna tartar and wasabi mayonnaise) near Diagonal (in Sant Gervasi – a bit off the beaten path).

LA CRIOLLA: Catalan café with a lovely terrace. Very pretty. Perhaps a bit far from the center to bother with, but if you find yourself in upper Barcelona, a different lunch menu every day. Pick a sun-drenched table, with views of the garden, and try their soups. Sant Gervasi.

CHEZ COCO: Gorgeous rotisserie on Diagonal with a fabulous interior and delicious acorn-fed chicken. A lovely outdoor terrace adjourns the dining area.

COMAMOS:
Acierto Seguro

CARAVELLE: Una sencilla cafetería del Raval que ofrece almuerzos saludables y café de calidad mientras te sientas en una mesa de madera y disfrutas de este apacible establecimiento.

SÉSAMO: Un minúsculo restaurante vegetariano del Raval con una deliciosa pasta de trufa. Se come muy bien.

TERESA CARLES: Otro restaurante vegetariano del Raval. Se come bien, y es un buen sitio para ir con niños. Aunque el servicio es un poco lento los fines de semana.

ELSA Y FRED: Pequeño gastrobar situado en las inmediaciones del Arc de Triomf, bueno para tomar un cóctel o para cenar. También sirven brunchs los fines de semana.

PICNIC: Ubicado en un triángulo de calles, próximo al Arc de Triomf. Prueba el brunch con un toque sudamericano. Es conocido por sus desayunos regados con cava.

BACOA KIOSKO: Un establecimiento de hamburguesas gourmet cerca de la playa. Largas colas pero deliciosas hamburguesas en un restaurante tipo cantina. Las hamburguesas son grandes y contundentes, y también hay una opción vegetariana.

MOSQUITO: Un magnífico bar de tapas asiático en la zona del Born que ofrece cervezas artesanas y un delicioso dim sum.

MEATPACKING BISTRO: Restaurante de estilo neoyorquino (prueba la Tuna Burger de tartar de atún con mahonesa de wasabi) cercano a la Diagonal, en Sant Gervasi, (un poco apartado de la zona turística).

LA CRIOLLA: Cafetería catalana con una hermosa terraza (todo el establecimiento es precioso). Quizá algo lejos del centro, pero si te encuentras en la parte alta de la ciudad, es una excelente opción, con un menú del día que cambia diariamente. Elige una mesa al sol, con vistas al jardín, y prueba las sopas. Sant Gervasi.

CHEZ COCO: Una preciosa rotisserie de la Diagonal con un fabuloso interior y deliciosos pollos alimentados con bellotas. Una preciosa terraza exterior completa la zona de comidas.

FEDERAL CAFÉ: A favourite on Carrer Parlament. Sit at the communal table or get a big group of friends to join you, and eat eggs surrounded by fresh flowers. They also have a nice upstairs garden.

BIG FISH: Beautiful sushi restaurant in Borne. A bit expensive, if you want to get full, but worth it for a special occasion. Sit under the seashell chandeliers on leather couches and voilà – perfect date night!!

LA FEDERICA: In Poble Sec – awesome and cheap, well worth it if you go to Montjuic for a bit of a walk around, this neighbourhood has a ton of new little shops and cafés – if you are here in the evening stop in at the Bodega Salto(a fun wine bar).

LA NENA: Hot chocolate cafe caters to parents and kids, in Gràcia, it's relaxed and they have great savoury crêpes and yummy churros. You can while away the time sipping on melting chocolate as you play a game of Monopoly or Checkers.

MAMA'S CAFE: Tiny café serving good sandwiches, in Gràcia. Eat in their miniature back garden.

CANTINA MACHITO: Lovely Mexican restaurant in Gràcia, beautiful décor, good if you know what kind of Mexican food to order and enjoy drinking tequila.

DA GRECO: This Italian restaurant in Gràcia, packs out pretty quickly on the weekends. It's huge! A giant statue of an ostrich greets you at the front door, the food is great, and quite an experience. Well-priced pasta. Don't order starters as usually if you order two or three different kinds of pasta between you, they will bring you an extra plate of the various pastas as a taster.

FEDERAL CAFÉ: Una de las mejores cafeterías, situada en Carrer Parlament. Siéntate en la mesa común, o llévate a un nutrido grupo de amigos y cómete unos huevos rodeados de flores naturales. También tienen un bonito jardín en la planta de arriba.

BIG FISH: Bonito restaurante de sushi en el Born. Un poco caro si quieres salir lleno, pero perfecto para una ocasión especial. Siéntate en los sofás de cuero bajo las lámparas de araña elaboradas con discos de conchas, y voilà: ¡ya tienes la noche perfecta!

LA FEDERICA: Ubicada en Poble Sec, se trata de un establecimiento estupendo y económico que merece la pena si estás por la zona de Montjuic. El barrio cuenta con un montón de pequeñas tiendas y cafeterías nuevas. Y si coincide que estás por la tarde, pásate por la divertida Bodega Saltó.

LA NENA: Una cafetería ubicada en Gràcia que sirve chocolate caliente a padres e hijos. Tranquila y con unas crepes y unos churros riquísimos. Puedes dejar pasar el tiempo mientras te tomas un chocolate o juegas al Monopoly o al ajedrez.

MAMA'S CAFÉ: Una minúscula cafetería de Gràcia que sirve buenos bocadillos. Come en el diminuto jardín que tienen en la parte trasera.

CANTINA MACHITO: Un encantador restaurante mexicano ubicado en Gràcia, con una bonita decoración, y bueno si sabes qué tipo de comida mexicana pedir y te gusta el tequila.

DA GRECO: Este restaurante italiano en Gràcia, se llena bastante rápido los fines de semana, ¡y eso que es enorme! Una estatua gigante de un avestruz te da la bienvenida en la puerta, la comida es estupenda, y es toda una experiencia. Pasta a buen precio. No pidas entrantes, porque si entre todos los que vais pedís dos o tres tipos de pasta distintos, os traen un plato más para que podáis degustar el resto de pastas.

Pintxos

AKASHI GALLERY: Japanese gallery in Eixample that serves food. A tad pricey, but nice to go for some green tea and rice balls, if you are in the area. You can sit on the tatami mats, and the restaurant is very pretty – they serve shaved ice, which is marvellously refreshing in summer!

COSMO: A cute spot at the bottom of Carrer Enric Granados (see the walking section of the guide), Cosmo has great juices and often hosts craft & art workshops. The restaurant acts as a gallery as well.

TARANNÀ CAFÈ: Bistro opposite Café Cometa in the hip Sant Antoni area. Dark and moody, good for a coffee on a rainy day.

HAMMOCK JUICE STATION: A juice station offering healthy snacks and breakfasts in Eixample. Best of all, enjoy them while swinging from a hammock!

MISCELANEA: A petite gallery in Raval near Drassanes. Come for an art opening for the atmosphere and free drinks, and afterwards move to the bar upstairs. You will probably leave with a purchased print from one of Barcelonas up-and-coming artists.

LA CASETA DEL MIGDIA: The perfect Sunday afternoon spot next to the castle.
Chill out with the locals on Montjuïc, sunbathing on deck chairs while a DJ spins quiet tunes as the sun sets. Barbecue, beer and crêpes.

CRÊPERIE BRETONNE: Dare I say the best crêpes in Barcelona. In Villa Olympica, near the Frank Gehry fish, have a delectable lunch before heading to the beach for a siesta and swim.

EYESCREAM & FRIENDS: A fun spot to stop at while visiting Barceloneta beach. Here you can make your own ice-cream monster, with eyes and all. Everything is edible and comes in a cute little box package, perfect for carrying to the port or beach to eat on the go. A hit with the kids!

LUKUMAS: A doughnut bar in Gràcia. Artisan doughnuts in a variety of flavours, there is something for everyone, particularly if you have a sweet tooth.

SABIO INFANTE: A vintage styled restaurant serving up a good selection of café fare. Enjoy it amongst the greenery. Kids will love their repurposed rocket ride, and drawing tools. A nice and airy place to add to your list in Gràcia.

AKASHI GALLERY: Galería japonesa en Eixample que sirve comida. Un poco cara, pero ideal si estás por la zona para tomar un té verde y unas bolas de arroz. Puedes sentarte en los tatamis, y además el restaurante es muy bonito. Sirven granizados hawaianos, una bebida muy refrescante para el verano.

COSMO: Un bonito rincón al principio de Carrer Enric Granados (ver la sección de la guía sobre recorridos a pie). Ofrece unos zumos deliciosos y suele albergar talleres de artesanía. El restaurante es también una galería.

TARANNÀ CAFÈ: Taberna situada enfrente del Café Cometa, en Sant Antoni, una zona siempre a la moda. Oscuro y sombrío, es ideal para tomarse un café un día de lluvia.

HAMMOCK JUICE STATION: Establecimiento de zumos que ofrece aperitivos y desayunos saludables en el Eixample. ¡Y lo mejor de todo es que puedes disfrutarlos mientras te balanceas en una hamaca!

MISCELANEA: Una pequeña galería ubicada en el Raval, cerca de Drassanes. Asiste a la inauguración de una exposición artística, en la que podrás saborear la atmósfera y tomar una bebida de cortesía, y luego sube al bar que se encuentra en la parte de arriba. Seguramente te marches del lugar habiendo comprado una lámina de algún prometedor artista barcelonés.

LA CASETA DEL MIGDIA: Un lugar en el que pasar una tarde de domingo perfecta junto al castillo de Montjuïc.
Reléjate con los propios barceloneses, y toma el sol en las tumbonas mientras un DJ pone música tranquila al atardecer. Barbacoa, cerveza y crepes.

CRÊPERIE BRETONNE: Me atrevería a decir que las mejores crepes de Barcelona. Está situada en la Villa Olímpica, cerca del Pez Dorado de Frank Gehry. Podrás disfrutar de su deliciosa comida antes de ir a la playa a tumbarte o a darte un baño.

EYESCREAM & FRIENDS: Un lugar divertido para hacer una paradita mientras visitas la playa de la Barceloneta en el que podrás hacer tu propio monstruo de helado, con ojos y todo. Todo es comestible, y además viene envuelto en una pequeña caja, por lo que resulta perfecto para ir comiéndotelo por la calle rumbo al puerto o a la playa. ¡A los niños les encantará!

LUKUMAS: Un bar de donuts de Gràcia. Ofrece donuts artesanos de distintos sabores, lo que significa que todo el mundo encontrará siempre algo de su gusto, sobre todo los más golosos.

SABIO INFANTE: Un restaurante de estilo vintage que sirve una gran selección de comidas ligeras, de las que podrás disfrutar en un entorno verde. A los niños les encantará el cohete infantil de la entrada, así como los utensilios de dibujo. En definitiva, un lugar agradable y desenfadado que añadir a la lista de Gràcia.

USAGUI: Lovely Japanese tea and cake spot and a good home-cooked menu del día (daily set menu) - Japanese style. (See the walking section of the guide). Sant Gervasi.

LA GAVINA PIZZERIA: In Gràcia, they have yummy pizza – think fresh Med figs and brie cheese – need I say more?

RAMEN YA HIRO: Best ramen noodles in town. Mind the queue!! In Gràcia.

PUDDING: An Alice in Wonderland cake and tea shop. Downstairs you can eat your carrot cake or quiche under a giant mushroom. A great spot for kids and teenagers, with floor to ceiling bookshelves full of colourful books and even Ipads on communal tables free for customer use. In Eixample.

SALT: The last chiringuito (beach bar) on the beach. Run by the W hotel, Salt commands a fantastic view of the strand, and you can sip on chilled wine as you sunbathe or watch the sun go down, glinting off the Frank Gehry fish in the distance. Try their pickled cheese!

GALLITOS: Tapas on the beach front. Eat surrounded by vistas of the Mediterranean under vine draped trellis.

BARRACA: Another seafood pitstop on the beach. Book a table upstairs for views of the Mediterranean, or sit outside and munch your way through plentiful taste delights. Surf's up!

USAGUI: Una preciosa pastelería y tetería japonesa que además ofrece un buen menú del día casero, de estilo japonés (ver la sección de la guía sobre recorridos a pie). Sant Gervasi.

LA GAVINA PIZZERÍA: Ubicada en Gràcia, ofrece unas pizzas deliciosas. Higos mediterráneos frescos, queso brie... ¿Hace falta añadir algo más?

RAMEN YA HIRO: Los mejores fideos japoneses de la ciudad. ¡Ten en cuenta las colas! En Gràcia.

PUDDING: Una pastelería y tetería de Alicia en el País de las Maravillas. En la planta baja puedes tomarte un pastel de zanahoria o una quiche debajo de una seta gigante. Un gran lugar para niños y adolescentes, con estanterías que van del suelo al techo repletas de libros coloridos e incluso iPads en las mesas comunes para que los clientes puedan disponer de ellos libremente. En Eixample.

SALT: El último chiringuito de la playa. Situado al lado del hotel W, Salt ofrece una fantástica vista de la costa. En él podrás degustar un vino bien frío mientras tomas el sol o contemplas el atardecer, divisando el Pez Dorado de Frank Gehry en la distancia. ¡Prueba el queso en escabeche!

GALLITO: Tapas a pie de playa. Come envuelto por parras mientras disfrutas de una magnífica vista del Mediterráneo.

BARRACA: Otro establecimiento de playa en el que comer marisco. Reserva una mesa en la planta de arriba para disfrutar de las mejores vistas del Mediterráneo, o siéntate fuera y degusta una amplia variedad de suculentos platos. ¡Es la hora del surf!

DINE AL FRESCO
Tapas are the norm, some are more expensive than others, some taste better, but dining on a terrace, watching the Barcelona street life with a glass of cava or wine can't be beaten, no matter the food.
Head to the Born or the Gòtic for an authentic outdoor meal.

COMER AL AIRE LIBRE
Lo habitual son las tapas. Algunas son caras y otras baratas, unas están más ricas que otras…, pero comer en una terraza mientras contemplas la vida urbana barcelonesa con una copa de cava o de vino en la mano es ya de por sí una experiencia inigualable.
Si quieres disfrutar de la mejor comida al aire libre, lo mejor es que vayas al Born o al Barri Gòtic.

TRY A BIKINI

Legend has it that these toasted sandwiches were named after the Barcelona night club Sala Bikini. They are the perfect hangover food, and can be found in virtually every café or bar in Barcelona. Made with lots of butter, melted cheese, ham and sometimes tomato. I like to think that they are called bikinis because they resemble little triangle bikini tops & bottoms. They are great after a night of clubbing.

PUEBRA UN BIKINI

Cuenta la leyenda que el nombre de estos sándwiches tostados proviene de la sala de baile barcelonesa Bikini, aunque a mí me gusta pensar que se llaman así porque se parecen a la parte de arriba y la parte de abajo de un bikini, con su forma triangular. Son el alimento perfecto para evitar resacas, y se venden en casi todos los bares y cafeterías de la ciudad. Llevan jamón de York, queso fundido, mucha mantequilla y a veces tomate, y vienen fenomenal tras una noche de fiesta.

EAT IN A MARKET

LA BOQUERIA is very famous, but it must also be said that it is always very crowded. Grab a seat and order. If crowds are not your thing, head to the **SANTA CATERINA MARKET** near the cathedral which is a little less busy. Or in the **MERCAT PRINCESA** you can try various drinks and tapas in a restored building.

COME EN UN MERCADO

LA BOQUERIA es muy famosa, pero también hay que decir que siempre está muy lleno. Dentro hay varios bares especializados en tapas y pinchos, así que coge un sitio y pide. Si no te gusta el gentío, dirígete al **MERCADO DE SANTA CATERINA**, cerca de la catedral, que suele estar algo menos concurrido. O también está el **MERCADO PRINCESA**, en el que puedes tomar varias bebidas y tapas en un edificio restaurado.

6 COFFEE HAUNTS

The 3RD wave coffee phenomenon has landed in Barcelona. Find yourself in a hipster café, vintage hydraulic tiles, and bicycles dangling from exposed beams. Flickering filament lightbulbs highlight the choices – Chemex, Siphon, Aeropress, French Press, Espresso, Flat White, and trusty old Hario. The white tiled walls and wooden accents complement the copper piping, your coffee is fragrantly steaming in your hand as a barista tells you about the beans.

If this is something you get excited about, and I won't lie, I love a good coffee in a pretty place, then you're in luck, head to the following coffee shops and enjoy your brew! What better place to unwind, sketch or plan your next excursion!

SATAN'S COFFEE: In the Gòtic quarter, this is a good cafe to stop at while exploring near the cathedral. Get lost in the alleyways trying to find their shop.

ONNA COFFEE: In Gràcia serves up delicious coffee from Costa Rica, they also offer yummy snacks, and free wifi.

SYRA COFFEE: A hole in the wall coffee stand close to Gràcia's food market, with space for a few bar stools. Syra makes coffee with locally sourced beans.

NOMAD COFFEE: Is on the fast track to being Barcelona's number one coffee shop, they take their coffee seriously.

CAFÉS EL MAGNÍFICO: The oldest locale in Barcelona to serve great coffee. They have a roastery in their shop and supply a large number of the cafes and bistros in Barcelona with coffee beans, you can sample coffee from a large selection of growers, and they do a mean espresso.

SLOWMOV: A recently opened space in Gràcia, they serve filter coffee and espresso from a cute little shop/meeting space. The coffee is direct trade, and they roast in house. You can buy their beans by the bag, or just enjoy a cup of tea at their central table while you read a book.

6 CAFETERÍAS CON ENCANTO

El fenómeno del café de tercera generación ha llegado a Barcelona. Podrás entrar en una cafetería hípster con azulejos hidráulicos vintage y bicicletas colgadas de vigas vistas. Las parpadeantes bombillas de filamento pondrán de relieve los distintos tipos de café a tu disposición: Chemex, Siphon, Aeropress, French Press, Espresso, Flat White, y el viejo Hario, un valor seguro. Las paredes, con azulejos blancos y toques de madera, se complementan con las tuberías de cobre, lo que contribuye a que disfrutes aún más de tu café recién servido mientras el camarero te habla de la variedad de semillas disponible.

Si el plan te gusta (y no te voy a mentir: a mí me encanta saborear un buen café en un local bonito), entonces estás de suerte. Visita las siguientes cafeterías y disfruta de sus productos. No hay mejor lugar para relajarse, dibujar o planificar la siguiente excursión.

SATAN'S COFFEE: Situado en el Barri Gòtic, es una buena cafetería para hacer un alto en el camino mientras visitas la zona de la catedral. Piérdete por las distintas callejuelas hasta que encuentres el local.

ONNA COFFEE: Ubicado en Gràcia, ofrece un café delicioso de Costa Rica, además de deliciosos aperitivos y wifi gratis.

SYRA COFFEE: Es una modesta cafetería situada cerca de uno de los mercados de Gràcia, con espacio para unos pocos taburetes. El café de Syra está elaborado a partir de semillas de la zona.

NOMAD COFFEE: Va camino de convertirse rápidamente en la cafetería número uno de Barcelona. Parece que se toman el café en serio...

CAFÉS EL MAGNÍFICO: Es el establecimiento más antiguo de Barcelona en el que se sirve café de calidad. Tuestan el café directamente en el local y suministran semillas a un gran número de cafeterías y tascas de la ciudad. Puedes probar cafés de una amplia selección de productores. El café que sirven es un espresso al uso.

SLOWMOV: Es un establecimiento que está en Gràcia. Sirve café filtrado y espressos en un pequeño local o lugar de reunión. El café, comprado directamente a los productores, se tuesta en la propia cafetería. Puedes comprar las semillas por bolsas o simplemente tomarte una taza en la mesa del centro mientras lees un libro.

If all this is mumbo jumbo to you,
here is a little guide to typical traditional
Spanish coffee found in most cafes in Barcelona.

Si todo esto te suena a chino, aquí tienes una pequeña guía de los
cafés típicos que suelen encontrarse en la mayor parte de las cafeterías
de Barcelona.

CAFÉ CON LECHE – milk coffee / café con leche.

AMERICANO – large machine coffee with extra hot water / café de máquina
con agua caliente extra.

CAFÉ LARGO – espresso shot with extra hot water / espresso con agua
caliente extra.

CORTADO – espresso shot with milk / espresso con leche.

CARAJILLO – espresso shot with milk and your favorite alcohol
/ espresso con leche y tu bebida alcohólica preferida.

Grab a cup of tea from a few Food Trucks scattered around Barcelona, they turn up at various pop-up markets and with a little google investigation you'll be able to sample their cups. Skye Coffee and Nomad both have coffee trucks.

You can sample some great coffee at various Bistros through the city – Caravelle which serves coffee made with beans roasted by Right Side Coffee, a local roastery. Nomad also has a roastery in Poble Nou, and you can sign up for coffee workshops with both ventures.

If you are here in summer, be sure to try the cold brews on offer at Nomad and Onna. You can also try to find Cafes Fred who construct their own cold brews sold in various cafés in the city.

Pide una taza en alguna de las Food Trucks que hay repartidas por Barcelona. Suelen estar en las inmediaciones de los mercados pop-up, y buscando un poco en Google, seguro que acabas encontrándolas y probando uno de sus cafés. Skye Coffee y Nomad son dos coffe trucks.

También puedes tomarte un buen café en varias tasca de la ciudad. Los cafés de Caravelle están elaborados con semillas tostadas por Right Side Coffee, una empresa de la zona. Por su parte, Nomad también cuenta con su propio local para tostar café en Poble Nou. Ambas empresas te permiten apuntarte a talleres relacionados con esta bebida.

Si visitas Barcelona en verano, no te olvides de probar los cafés helados que sirven en Nomad y en Onna. También puedes intentar encontrar cafés Fred, que elabora sus propios cafés macerados en frío, y que luego los vende en varias cafeterías de la ciudad.

Plenty of new places, such as Bermont Coffee in Gràcia, pop up all the time as the coffee trend continues to boom, so do a little exploring and find your favorite spot to unwind while you plan your next adventure!

La pasión por el café no deja de aumentar, por lo que todos los días se abren nuevos establecimientos, como es el caso de Bermont Coffee, en Gràcia. Busca tú mismo y elige tu lugar de relax preferido mientras planificas tu próxima aventura.

SECRETS OF THE CITY
SECRETOS DE LA CIUDAD

6 SELFIE SPOTS

1. Head on down to the shiny Encants market in Plaça Glòries for a selfie with the towering Torre Agbar in the background. Buy some curious vintage goodies in the market or (hey!) a 5 pack of socks, some second-hand skates or a rocking horse.

2. A textured background, be it a graffiti-splattered doorway or 2000-year old roman walls in El Borne, then get lost in the alleyways. It's the best, who knows what you will discover!

3. A skyline selfie is a must, the coolest spot for this is at the olympic swimming pools on Montjuïc - picture yourself in front of azure blue water and Barcelona city rooftops sprawling out into the distance. If it's clear you can even catch a glimpse of the super spiky Montserrat mountains. Have a waterproof camera and your swimsuit? Get a selfie as you dive off the high board!

4. Gaudí it up by heading for Park Güell, Passeig de Gràcia, Sagrada Família or the lesser known Casa Vicens for an architectural modernista shot.

5. Go back in time and get a shot with the vintage ferris wheel on Tibidabo.

6. Selfie on a skateboard in the MACBA plaza - you're so cool!

6 LUGARES PARA SACARSE UN SELFIE

1. Baja hasta el Mercat dels Encants, situado en la Plaça de les Glòries, y hazte un selfie con la Torre Agbar de fondo. Compra curiosos artículos vintage en el mercado o incluso (¿por qué no?) un pack de cinco calcetines, unos patines de segunda mano o un caballito balancín.

2. Busca un fondo con carácter, ya sea un portal lleno de grafitis o unas murallas de 2000 años en el Born, y luego piérdete por las callejuelas. Esa parte es lo mejor: ¡quién sabe lo que te espera!

3. Hacerse un selfie con el horizonte de fondo es casi una obligación. Para ello, el mejor lugar son las piscinas olímpicas de Montjuïc. Sácate una foto delante del azul celeste del Mediterráneo, con los tejados de la ciudad en la distancia. Si el día está claro, puedes incluso divisar las puntiagudas montañas de Montserrat. ¿Tienes una cámara resistente al agua y un bañador? Sácate un selfie mientras te tiras al agua.

4. Ponle un toque de Gaudí a tu visita, visitando el Park Güell, el Passeig de Gràcia, la Sagrada Família o la no tan conocida Casa Vicens para sacarte una foto en un entorno modernista.

5. Retrocede en el tiempo y sácate una foto con la noria vintage del Tibidabo.

6. Hazte un selfie haciendo skateboard en la plaza del Museo de Arte Contemporáneo (¡que se note que molas!)

TAKE IN A VIEW try the MIRABLAU, MIRAMAR, OR THE TORRE ALTA DE MAR for dinner. there are views to suit all budgets on MONTJUÏC. Picnic for free in the parks near the castle. Enjoy an expensive drink at the various rooftop hotel bars, but beware, many are only open in the summer!

GRAND CENTRAL HOTEL, OHLA, MANDARIN ORIENTAL, PULITZER, HOTEL OMM.

DISFRUTA DE LAS MEJORES VISTAS y prueba a cenar en el MIRABLAU, EL MIRAMAR, O EL TORRE D'ALTA MAR. Además, MONTJUÏC ofrece vistas aptas para todos los bolsillos. Haz un picnic (es gratis) en los parques que rodean el castillo. Tómate algo (a pesar de que no te saldrá barato) en el bar de la azotea de algún hotel, aunque ten en cuenta que muchos abren solo en verano.

GRAND HOTEL CENTRAL, OHLA, MANDARIN ORIENTAL, PULITZER, HOTEL OMM.

4 CULTURAL HOLIDAYS

NIT DE SANT JOAN the best place to start your evening on the night of Sant Joan, is atop the hill over looking Barcelona. Take along a picnic and head up to the canons of El Carmel. The sun sets and the fireworks begin. They will continue all night, until dawn the crackle of gun powder fills the streets, echoing across the neighborhoods. Accompanied by large bonfires and cheerful people, you can make your way to the beach for what promises to be a wild fire fueled night. (June 23).

DIADA DE SANT JORDI lovers day in Barcelona. Similar to Valentines day, here Saint George is celebrated by giving flowers and books to your loved ones. The streets are filled with roses and little book stalls and its a lovely day to wander Barcelona's streets. Your feet will be cushioned by petals, and you can enjoy a coffee and read your newly purchased book. Men traditionally buy roses for the women in their life and the woman buy books for the men. It's interesting to walk down Rambla de Catalunya on this day, although it may get a little crowded. Often authors will be out signing copies of their books, so you might want to see if your favorite is in town. (April 23).

SANT MEDIR another festival that takes place in Gràcia. The sweet filled festival of Sant Medir will be a favorite with the kids. Head up to the neighborhood to watch the processions of horses and trucks with festival participants hurling bag loads of sweets into the air. Bring along an umbrella like the locals, who hold them upside down to catch the falling bounty. You could collect a year long supply of candy for your sweet tooth! (March 3)

LA MERCÈ the weather is balmy, the evenings still long and as summer finally winds down, Barcelona parties. The city's main annual festival, celebrating the end of summer and Barcelona's saint- the Virgin la Mercè. Marked by 3 days of festivities, including fireworks, music events, exhibitions, workshops, parades, and a slew of cultural attractions including the human pyramids (castellers), sardana dancing and more, la merce takes place during September, so put a note in your calendar and enjoy as much as you can. (September 24).

4 FIESTAS POPULARES

NIT DE SANT JOAN el mejor lugar para empezar la noche de Sant Joan es subido a la colina que domina Barcelona. Hazte un picnic y sube a los búnkeres de El Carmel. Los fuegos artificiales empiezan cuando se pone el sol, y continúan toda la noche, hasta el amanecer. El ruido de la pólvora se adueña de las calles, resonando en los distintos barrios. En un entorno de grandes hogueras y gente de fiesta, puedes dirigirte a la playa a disfrutar de lo que promete ser una auténtica noche de desfase. (23 de junio).

DIADA DE SANT JORDI o día de los enamorados en Barcelona – parecido a San Valentín, en Barcelona Sant Jordi se celebra regalando flores y libros a los seres queridos. Las calles se llenan de rosas y pequeños puestos de libros, por lo que es un día estupendo para pasear por la ciudad. Los pies se te llenarán de pétalos, y podrás tomarte un café y empezar a leerte el libro que te acabas de comprar en cualquier cafetería. Los hombre suelen comprar rosas a las mujeres, y las mujeres a los hombres, libros. El día de Sant Jordi es interesante pasear por la Rambla de Catalunya, aunque puede llenarse demasiado de gente. Los escritores suelen estar presentes para firmar ejemplares de sus libros, así que ¿por qué no averiguar si tu autor favorito se encuentra en la ciudad? (23 de abril).

SANT MEDIR es otra festa popular que tiene lugar en Gràcia. La fiesta de Sant Medir, un oasis de caramelos, suele hacer las delicias de los niños. Sube a Gràcia para ver los desfiles de caballos y caravanas mientras los participantes lanzan grandes bolsas de caramelos al aire. Llévate un paraguas como hacen los barceloneses, que los sujetan del revés para recoger toda la mercancía posible. ¡Los más golosos podrán tener caramelos para todo el año! (3 de marzo).

LA MERCÈ coincidiendo con el fin del verano, cuando sigue haciendo bueno y las tardes aún son largas, Barcelona sale de fiesta. Se trata de la principal festividad anual de la ciudad, que celebra el fin del verano en honor a la patrona de la ciudad, la Virgen de la Mercè. Los festejos de la Mercè, que tienen lugar durante tres días en el mes de septiembre, incluyen fuegos artificiales, conciertos, exposiciones, talleres, desfiles y una amplia variedad de atracciones culturales como castellers y sardanas. Marca la fecha en el calendario y preparate para disfrutar todo lo que puedas. (24 de septiembre).

#SPAIN #CATALUNYA #BARCELONA #CITY #STREET #ARCHITECTURE #ROOFTOP #TERRACE

APPS FOR THE CITY
MYTAXI grab a cab on demand
THEFORK find restaurant deals

MAKE YOUR FRIENDS JEALOUS AND CHECK IN EVERYWHERE
#barcelona #wishyouwerehere

APPS PARA LA CIUDAD
MYTAXI pide un taxi
THEFORK encuentra ofertas de restaurantes

PON A TUS AMIGOS CELOSOS Y CONTROLA EN TODOS LADOS
#barcelona #wishyouwerehere

SIGN-UP

Why not do something different during your trip to Barcelona? Sign up for a class. You can do an intensive lesson in Flamenco Guitar, and learn some Spanish or Catalan while you're at it!

Check out *shinemusicschool.es*

If music isn't your thing, you could join a cooking class or a painting class for the day.

More options on *meetup.com*

APÚNTATE A UN CURSO

¿Por qué no hacer algo diferente durante tu estancia en Barcelona? Apúntate a un curso de algo, por ejemplo, a una clase intensiva de guitarra española, y así podrás también aprender castellano o catalán.

Entra en *shinemusicschool.es*

Si no te va demasiado la música, puedes apuntarte a un curso de cocina o de pintura de un día.

Tienes más opciones en *meetup.com*

6 Things to look out for in Barcelona

GARGOYLES: The old city is filled to the brim with the little gutter spouts, be they of odd looking men, or bulls, or even a unicorn!

MULLETS: For some reason this is a very popular hairstyle in Barcelona, MacGyver would feel right at home!

PARROTS: Rumour has it that a flock of these little green fellows escaped the zoo back in the day. Who knows, but the parrots you see scooting around the city between the palm trees are here to stay, they are called Monk parrots.

SEAGULLS: It's true! The seagulls of Barcelona are hardcore. When other snacks (like your patatas fritas) can't be found, seagulls gang up on the pigeons and horrifying war games ensue. Aerial displays of pigeon mangling can be spotted across the rooftops. Don't worry though, the pigeons take care to keep out of the seagulls' way.

SCULPTURES: Barcelona is littered with gorgeous sculptures. Try and find some of my favorites! The *Nen de la Rutllà (Boy with the Hoop)*, by Joaquim Ros i Bofarull, *Fuente de la Caperucita (Fountain of Red Riding Hood)*, by Josep Tenas, *El Mamut (The Mammoth)*, by Miquel Dalmau and *La Girafa Coqueta (The Coquettish Giraffe)* by Josep Granyer i Giralt. What other curious statues can you find?

DRAGONS: They can be discovered on buildings, in paintings, in mosaics, dotted around the city. Gaudí's Casa Batlló is in fact an entire dragon, with roof tiles as scales. Saint George & the dragon rules the city, as famed George (Jordi in Catalan) happens to be Catalonia's patron saint, and his visage, as well as his dragon, can be viewed decorating lamposts to lintels.

LA FONT MÀGICA DE MONTJUÏC: A beautiful fountain that you can find in Plaça Maria Cristina, which dances and changes colour to the sound of music.

6 Cosas a tener en cuenta en Barcelona

GÁRGOLAS: El casco antiguo está a rebosar de pequeños canalones con figuras de hombres extraños, toros e incluso unicornios.

MULLET: Por algún motivo, este corte de pelo es muy frecuente en Barcelona. ¡MacGyver se sentiría como en casa!

COTORRAS: Se dice que, en su día, una bandada de estos pequeños pájaros verdes se escapó del zoo. No está comprobado, pero lo cierto es que las cotorras, que se pasan el día volando de una palmera a otra, han venido para quedarse en la ciudad.

GAVIOTAS: Que persiguen a las palomas – por increíble que parezca, es verdad: las gaviotas de Barcelona van a saco. Cuando no están pidiendo comida (como patatas fritas), las gaviotas se lanzan a por las palomas. Los tejados suelen ser el escenario de estas batallas aéreas. Eso sí, no te preocupes, que las palomas ya se ocupan de mantenerse alejadas de las gaviotas.

ESCULTURAS: Barcelona está repleta de bellísimas esculturas. ¡A ver si encuentras mis favoritas! *El Nen de la Rutlla (el niño del aro)*, de Joaquim Ros i Bofarull, *la Fuente de Caperucita*, de Josep Tenas, *El Mamut*, de Miquel Dalmau, o *la Jirafa Coqueta*, de Josep Granyer i Giralt. ¿Qué más estatuas curiosas podrás encontrar?

DRAGONES: Presentes en edificios, pinturas y mosaicos esparcidos por toda la ciudad. De hecho, la Casa Batlló, de Gaudí, es un dragón en sí misma (las tejas son las escamas). Sant Jordi y el dragón gobiernan la ciudad, dado que el famoso santo es el patrón de Cataluña, y su rostro, al igual que su dragón, están presentes como elementos decorativos en farolas y dinteles.

LA FONT MÀGICA DE MONTJUÏC: Una preciosa fuente que podrás encontrar en la Plaça Maria Cristina, que baila y cambia de color al son de la música.

FURTHER AFIELD:

GARRAF: A short train ride will deposit you in the uber teeny village of Garraf. A row of cute beach huts line the small beach which retains a family vibe. It's a pleasant side trip from Barcelona, and a great place to swim.

MONTSERRAT: The curious spires of rock that create Montserrat mountain are something to behold. Trains and buses can be found to take you out for the day. Buy some cheese in the market, visit the church and take a hike on the pathways that wind through the cliffs and spikes of the mountain.

MERCANTIC: Vintage market located just outside Barcelona in Sant Cugat, this market will keep the vintage fiend happy. Lots of fun objects to be found and you can enjoy a drink in one of their cute coffee. Make sure to check out the chandelier parts shops.

EN LAS INMEDIACIONES DE BARCELONA:

GARRAF: Tras un breve trayecto en tren llegamos al diminuto pueblo de Garraf. Gràcias a la fila de pequeñas casitas que hay dispuestas en primera línea de su pequeña playa, Garraf ha sabido mantener su aroma familiar. Es un viaje alternativo muy agradable de hacer desde Barcelona, y un lugar estupendo para nadar.

MONTSERRAT: Las curiosas rocas en forma de capitel que conforman la montaña de Montserrat son dignas de contemplar. Puedes ir tanto en tren como en autobús y pasar allí el día. Compra queso en el mercado, visita el monasterio y echa a andar por los senderos que recorren los acantilados y picos de la montaña.

MERCANTIC: Mercado vintage situado en Sant Cugat, a las afueras de Barcelona; una maravilla para los amantes de lo antiguo. En él podrás encontrar un montón de artículos divertidos y tomarte algo en una de sus hermosas cafeterías. No olvides visitar las tiendas dedicadas a la venta de componentes de lámparas de araña.

DON'T FORGET

Cava & Wine Tasting - hire a guide or find a tour to take you into the hills beyond Barcelona. Here you will find yourself lost in vineyards stretching as far as the eye can see. Taste wine and sparkling drinks paired with tapas and visit a cellar.

NO TE OLVIDES

Cata de vinos y cavas – contrata a un guía o busca un tour que te lleve a las colinas de detrás de Barcelona, donde te perderás entre viñedos, que ocupan todo el paisaje. Visita una bodega y cata vinos y bebidas gaseosas, todo ello acompañado de unas buenas tapas.

RENT A CAR

5 DAYTRIPS OUTSIDE BCN

TARRAGONA: Catch a train south for the day and explore the small city. With extensive Roman ruins, a delightful old town, and lovely beaches, it is a great option for those with more time.

AIGUABLAVA: Crystal clear aquamarine waters beckon, rent a paddle boat with a slide and explore the caves and coves. Then enjoy tapas and a drink overlooking the beach.

DALÍ AND THE COSTA BRAVA: Dalí's home in Port Lligat is fantastic! A giant taxidermied bear welcomes you through the front door, and each room leads you into his surreal world, ending in gardens filled with large egg sculptures and a penis shaped pool. Stay for a weekend in the nearby town of Cadaques, stuff your face with seafood every night, and go swimming in the coves of the Cap de Creus nature reserve. It's wild out there!

SKIING AT LA MOLINA: A train ride will drop you off at the ski runs of La Molina. Trips are easy to organise during winter from Barcelona. An epic day of slipping and sliding down the snowy ranges of the Pyrenees followed by hot chocolate or a delicious raclette cheese dinner are hard to top.

HIKING IN MERANGES (LA CERDANYA), THE REFUGI MALNIU & CAN BORELL: Get your gps out for this one. Wind your way up the mountains, with views into France. Stay at the delightful Can Borell hotel in a truly Catalan mountain village or camp in a tent during summer at the Refugi Malniu. You can also book a bunk bed in the mountain refuge hut. Hike up to the stunning lakes on the top of the mountain, through fields filled with flowers and cows with tinkling bells.

5 EXCURSIONES FUERA DE BARCELONA

TARRAGONA: Súbete al tren rumbo al sur y pasa el día en esta pequeña ciudad. Con sus numerosas ruinas romanas, su bellísimo centro histórico y sus magníficas playas, Tarragona es una gran opción para aquellos que dispongan de más tiempo.

AIGUABLAVA: Déjate enamorar por las cristalinas aguas turquesa, alquila una barca de remo con tobogán, y descubre las cuevas y las calas. Luego tómate algo y disfruta de unas tapas mirando al mar.

DALÍ Y LA COSTA BRAVA: La casa de Dalí en Portlligat es preciosa. Un oso gigante disecado te espera en la puerta para darte la bienvenida, y cada una de las habitaciones te sumerge en su mundo surrealista, finalizando la visita en unos jardines repletos de grandes esculturas con forma de huevo y hasta con una piscina con forma de pene. Pasa el fin de semana en la cercana localidad de Cadaqués, ponte las botas de marisco todas las noches, y nada en las calas de la reserva natural del Cap de Creus, un lugar salvaje.

ESQUIAR EN LA MOLINA: Coge el tren y viaja hasta las pistas de esquí de La Molina. El trayecto es fácil de organizar desde Barcelona durante el invierno, y disfrutarás como un enano deslizándote por las montañas nevadas de los Pirineos. Si luego lo acompañas con un chocolate caliente o cenando una deliciosa raclette, se me ocurren pocos planes mejores para pasar el día.

SENDERISMO EN MERANGES (LA CERDANYA), REFUGI MALNIU Y CAN BORRELL: Para esta excursión te va a hacer falta el GPS. Aventúrate por las montañas, con magníficas vistas a Francia. Haz noche en el maravilloso hotel Can Borrell, situado en un auténtico pueblo de montaña catalán, o, en verano, acampa en el Refugi Malniu. También puedes reservar una litera en el refugio de la montaña. Sube caminando a los espléndidos lagos que hay en la cima entre prados llenos de flores y vacas con cencerros.

•SOMETHING DIFFERENT - alternative markets in BCN
•ALGO DIFERENTE - mercados alternativos en BCN

PALOALTO MARKET: Expect art, food, fashion and music in a
great location.
Mezcla de arte, comida, moda y música, en una excelente ubicación

EATSTREET: Food Trucks and street food market.
Food Trucks y comida de vanguardia en la calle.

FLEAMARKET: Second hand / vintage & fashion market.
Mercado de segunda mano / moda vintage.

BRICKLANE: Small vintage market, free drinks, DJ.
Pequeño mercado vintage, bebidas gratis, DJ.

FESTIVALET: Fair independent design and crafts.
Feria de diseño independiente y artesanía.

VAN VAN MARKET: The first streetfood bar where Food Trucks
are the protagonists.
El primer bar streetfood donde las Food Trucks son las protagonistas.

4 FESTIVALS

FIRE RUN: The Correfoc or "fire run" is not for the faint hearted. Every year during the street festival of La Mercè celebrating Barcelona's patron saint during September, groups of "Devils" dressed in horns and masks gather for a parade of fireworks. Setting off Catherine wheels and giant sparks, they march down Via Laietana with dragons and other nightmarish creatures. Everyone dances in the sparks, you are advised to wear protective clothing, glasses and masks. (September 24).

FESTA MAJOR DE GRÀCIA: During August, one of the best street festivals occurs in the barrio(neighbourhood) of Gràcia. Each street has spent months before constructing the decorations out of plastic recycled items, and they string them up in the street for the duration of the festival, transforming the roads into fantasy landscapes. (August 15).

SÓNAR: The big daddy of city rave festivals, Sónar by day and Sónar by night celebrate electronic music. With a focus on technology, creativity, established artists and emerging talent, Sónar showcases all areas of musical and audiovisual production. (June 14, 15, 16).

PRIMAVERA SOUND: Another great music festival, inviting a super line-up of bands, in the futuristic Parc del Fórum. Watching Beach House or The Pixies on a grass verge amongst the glass and metal spires of the modern architecture and the Mediterranean lapping in the background is not to be missed. (From May 30 to June 3).

4 FESTIVALES

CORREFOC: El Correfoc no es apto para cardíacos. Todos los años, durante las festividades de La Mercè que rinden homenaje a la patrona de Barcelona en el mes de septiembre, grupos de personas disfrazadas de demonios, con cuernos y máscaras, desfilan por las calles entre fuegos artificiales, ruedas de fuego y chispas, bajando por la Vía Laietana acompañados por dragones y otras criaturas de pesadilla. La gente baila entre las chispas, por lo que te recomendamos llevar ropa, gafas y máscaras protectoras. (24 de septiembre).

FESTA MAJOR DE GRÀCIA: Uno de los mejores festivales del mes de agosto tiene lugar en el Barri de Gràcia. Cada calle se pasa meses construyendo elementos ornamentales a partir de plástico para luego colgarlos mientras duran las fiestas, que transforman las calles en un paisaje de fantasía. (15 de agosto).

SÓNAR: La madre de los festivales del desfase. Sónar de día y Sónar de noche rinden homenaje a la música electrónica. Con un enfoque centrado en la tecnología, la creatividad, los artistas consagrados y el talento emergente, Sónar es una muestra de todos los ámbitos de la producción musical y audiovisual. (14, 15, 16 de junio).

PRIMAVERA SOUND: Otro gran festival de música en el que participan los mejores grupos. Se celebra en el futurista Parc del Fórum. La verdad es que ver a Beach House o a The Pixies tocando sobre la hierba en un entorno arquitectónico moderno, con capiteles de vidrio y metal, y con el Mediterráneo como telón de fondo, es un espectáculo que no te puedes perder. (Del 30 de mayo al 3 de junio).

AKASHI GALLERY - Carrer Rosselló, 197, 08036. +34 931 25 08 77

BARRACA - Passeig Marítim Barceloneta, 1, 08003. +34 932 24 12 53

BACOA KIOSKO BORN - Av. del Marquès de l'Argentera, 1, 08003. +34 933 10 73 13

BERMONT COFFEE - Carrer de Bretón de los Herreros, 4, 08012. +34 674 44 87 98

BIG FISH - Carrer Comercial, 9, 08003. +34 932 68 17 28

BRUNCH & CAKE - Carrer Enric Granados, 19, 08007. +34 932 37 87 65

CAFÉ COMETA - Carrer del Parlament, 20, 08015. +34 930 07 32 03

CAFÉS EL MAGNÍFICO - Carrer de l'Argentería, 64, 08003. +34 933 19 39 75

CAFÉ EMMA - Carrer de Pau Claris, 142, 08009. +34 932 15 12 16

CANTINA MACHITO - Carrer Torrijos, 47, 08012. +34 932 17 34 14

CARAVELLE - Carrer del Pintor Fortuny, 31, 08001. +34 933 17 98 92

CHEZ COCO - Avinguda Diagonal, 465, 08036. +34 934 44 98 22

COSMO - Carrer Enric Granados, 3, 08007. +34 931 05 79 92

CREPERIE BRETONNE - Carrer de Ramon Trias Fargas, 2, 08005. +34 932 21 15 99

DA GRECO - Carrer de Santa Teresa, 10, 08012. +34 932 18 65 50

ELSA Y FRED - Carrer del Rec Comtal, 11, 08003. +34 935 01 66 11

EYESCREAM & FRIENDS - Passeig Don Joan Borbó Comte, 30, 08003. +34 932 21 53 10

FEDERAL CAFE - Carrer del Parlament, 39, 08015. +34 931 87 36 07

GALLITO - Passeig del Mare Nostrum, 19-21, 08039. +34 933 123 585

HAMMOCK JUICE STATION - Carrer de Mallorca, 308, 08037.

LA CASETA DEL MIGDIA - Mirador del Migdia, s/n, 08038. +34 693 99 27 60

LA CRIOLLA - Carrer de Muntaner, 423, 08021. +34 933 62 34 45

LA FEDERICA - Carrer de Salvà, 3, 08004. +34 936 00 59 01

LA GAVINA PIZZERIA - Carrer de Ros de Olano, 17, 08012. +34 934 15 74 50

LA NENA - Carrer de Ramon y Cajal, 36, 08012. +34 932 85 14 76

LUKUMAS - Torrent de l'Olla, 169, 08012. +34 932 18 23 75

MAMA'S CAFE - Carrer de Torrijos, 26, 08012. +34 932 10 00 50

MEATPACKING BISTRO - Travessera de Gràcia, 50, 08021. +34 932 00 89 08

MISCELANEA - Carrer Guardia, 10, 08001. +34 933 17 93 98

MOSQUITO - Carrer dels Carders, 46, 08003. +34 932 68 75 69

NOMAD COFFEE - Passatge Sert, 12, 08003. +34 628 56 62 35

ONNA CAFÉ - Carrer de Santa Teresa, 1, 08012. +34 932 69 48 70

PICNIC - Carrer Comerç, 1-3, 08003. +34 935 11 66 61

PUDDING - Carrer de Pau Claris, 90, 08010. +34 936 76 10 25

RAMEN YA HIRO - Carrer de Girona, 164, 08037. +34 930 02 84 41

SABIO INFANTE - Torrent de l'Olla, 169, 08012. +34 932 18 23 75

SALT - Passeig del Mare Nostrum, 08039. +34 932 95 28 19

SATAN'S COFFEE - Carrer de l'Arc de Sant Ramon del Call, 11, 08002. +34 666 22 25 99

SESAMO - Carrer de Sant Antoni Abat, 52, 08001. +34 934 41 64 11

SLOWMOV - Carrer de Luís Antúnez, 18, 08006. +34 936 67 27 15

SYRA COFFEE - Carrer de la Mare de Déu dels Desemparats, 8, 08012. +34 666 72 07 43

TARANNÁ CAFÈ - Carrer de Viladomat, 23, 08015. +34 931 06 11 93

TERESA CARLES - Carrer de Jovellanos, 2, 08001. +34 933 17 18 29

USAGUI - Carrer dels Santjoanistes, 28, 08006. +34 932 00 55 41

The
illustrated
adventures of

KAT CAMERON